Conni geht aufs Tö...

„Nein! Will nicht!" Conni zappelt herum und lässt sich die Windel nicht anziehen. Maja und Ole tragen ja auch keine. Das hat Conni beim Umziehen nach dem Kinderturnen genau gesehen. Conni will auch groß sein! Wozu braucht man so eine dumme Windel überhaupt?

Mama kippt Wasser in eine Windel. Die saugt das Wasser auf und bleibt außen trocken.

Jetzt darf Conni etwas Wasser in ein Unterhöschen gießen. Es läuft durch.

„Ohne Windel musst du also Bescheid sagen, wenn du Pipi musst", sagt Mama. „Kannst du das schon?"
Conni nickt. Natürlich kann sie das!

Mama lässt Conni ohne Windel spielen. Es dauert gar nicht lange, bis Conni zu Mama läuft.
„Pipi!", ruft sie laut.
Doch Mama ist viel zu langsam. Bis sie die Latzhose aufgeknöpft und Conni aufs Klo gesetzt hat, ist es schon zu spät: Die Hose ist nass.

Macht nichts! Mama will sowieso gerade Hosen waschen.
Sie lobt Conni, weil sie Bescheid gesagt hat.
Conni darf die Hose in die Waschmaschine stopfen.

Jetzt will Conni nur noch Hosen ohne Knöpfe tragen. Solche mit einem Gummi oben. Die kann sie nämlich ganz alleine ausziehen. Mama geht mit ihr einkaufen. Sie holen zwei neue Hosen und ein gelbes Töpfchen mit bunten Punkten. Wenn Conni jetzt muss, kann sie sich einfach aufs Töpfchen setzen.

Zu Hause probiert Conni es gleich aus. Es geht prima. Nur Pipi kommt keins.
Das macht nichts. Dann setzt Conni eben erst mal ihre Puppen und ihren Teddy aufs Töpfchen. Sie erklärt ihnen, dass sie da Pipi und Kacka reinmachen können. Teddy drückt und drückt, doch es kommt nichts. Teddy muss wohl nicht. Aber eine Windel bekommt Teddy auch nicht mehr um. Dafür ist jetzt ja das Töpfchen da.

Conni geht in die Küche. Sie hat Durst und trinkt ein großes Glas Wasser. Eine Weile später muss Conni wirklich. Sie zieht ihre Hose und die Unterhose herunter und setzt sich auf ihr neues gelbes Töpfchen. Und schon plätschert es.
„Mama!", ruft Conni. „Ich mach Pipi."
Mama kommt schnell angelaufen.
Es soll ja nicht wieder in die Hose gehen.

Doch Conni zeigt ihr stolz das Pipi im Töpfchen. Mama findet das toll und lobt Conni ganz doll. Dann darf Conni das Pipi ins Klo schütten und spülen!
„Tschüss, Pipi", ruft Conni fröhlich.

Vor dem Schlafengehen möchte Papa Conni wie immer eine frische Windel anziehen. Conni will das aber nicht. Sie ist doch jetzt groß.
Stolz zeigt sie Papa ihr Töpfchen. Papa meint, dass man nachts ja schläft. Da merkt man nicht so gut, ob man aufs Klo muss.
Conni will wissen, ob Papa nachts auch eine Windel trägt.
Papa lacht: „Nein, natürlich nicht!"
Dann will Conni auch keine. Überhaupt gar nicht. Sie stellt ihr Töpfchen vor das Bett. Nun kann nichts mehr schiefgehen.

Mitten in der Nacht wacht Conni auf. Gerade hat sie noch vom Meer geträumt. Jetzt ist alles nass: ihre Schlafanzughose, die Bettdecke. Sogar die Matratze. War das Meer etwa im Zimmer? Doch die Kissen sind ganz trocken. Der Teppich auch. Conni hat Pipi ins Bett gemacht.

Sie ruft Mama. Mama nimmt Conni in den Arm. Dann bezieht sie das Bett neu und gibt Conni eine andere Schlafanzughose. Für die Nacht lässt Conni sich jetzt doch eine Windel anziehen. Teddy bekommt auch eine um. Das Bett soll ja trocken bleiben.

Es dauert noch eine ganze Weile, bis Conni es tagsüber fast immer aufs Töpfchen schafft. Wenn sie gerade so schön spielt, merkt sie manchmal gar nicht, dass sie muss. Aber jeden Tag geht es besser. Später braucht Conni auch nachts keine Windel mehr. Sie wacht von selbst auf, wenn das Pipi drückt. Und wenn es mal nicht klappt, ist das auch nicht schlimm. Dafür gibt es eine Unterlage, die die Matratze schützt.

Heute ist Conni bei Oma und Opa zu Besuch, aber das Töpfchen ist zu Hause. Was nun? Das Klo ist viel zu hoch. Conni fragt Oma um Hilfe. Die hebt Conni hoch und hält sie fest.

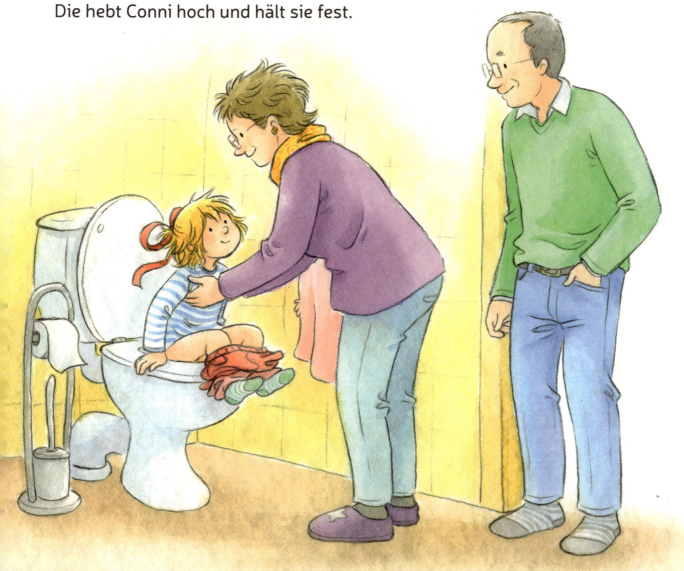

Später hat Oma eine gute Idee. Sie stellt die kleine Küchentrittleiter vors Klo. Jetzt kann Conni alleine hinauf. Leider ist das Klo viel zu groß für ihren Po, aber Conni kann sich am Handtuchhalter festhalten. So plumpst nur das Kacka hinein.

Danach rollt Conni ganz viel Papier ab und putzt sich gründlich den Po. Dem Teddy auch. Das gebrauchte Papier stopft sie ins Klo und spült.
„Tschüss, Kacka!", ruft sie. Aber es verschwindet gar nicht. Dafür läuft das Klo voller Wasser. Immer höher steigt es. Conni bekommt einen Schreck.

Sie holt schnell Opa. Der weiß Rat. Mit einem Pümpel saugt er den Abfluss frei. Alles fließt ab. Puh! Das ist noch mal gut gegangen. Opa erklärt Conni, dass sie nicht so viel Papier nehmen soll. Am besten ruft sie einfach, wenn sie fertig ist.
Beide waschen sich ganz gründlich ihre Hände.

Dann setzen sie sich zu Oma in die Küche und essen Apfelkuchen.

Als Conni das nächste Mal zu Besuch kommt, haben Oma und Opa einen Toilettensitz für Kinder besorgt. Jetzt kann Conni wie eine Prinzessin auf dem Klothron sitzen und braucht keine Angst haben hineinzufallen.

Das will Conni zu Hause natürlich auch. Also geht sie mit ihren Eltern noch mal einkaufen. Und jetzt kann Conni ganz alleine aufs Klo gehen. Aber das Töpfchen behalten sie trotzdem. Conni muss nämlich oft gerade dann, wenn das Klo schon von einem großen Po besetzt ist. Außerdem schafft Teddy es noch nicht alleine auf die Toilette.

Conni ist schon groß und möchte nicht mehr gewickelt werden.

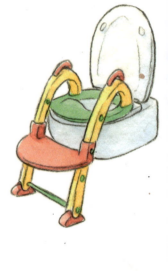

Welche Sachen braucht Conni jetzt?
Und was braucht sie nicht mehr?